Dampfgaren für Einsteiger

Das Dampfgarer Kochbuch XXL. Die 111 besten Rezepten für Einsteiger und Fortgeschrittene. Inklusive vegetarischer Gerichte, Fisch, Fleisch, Gemüse, Suppen, Vorspeisen, Desserts, Low Carb, etc.

Cooking Club

Inhaltsverzeichnis

Vorspeisen

Knusprige Zwiebelringe mit Guacamole

Zubereitungszeit: 25 Minuten

Portionen: 2

Nährwerte pro Portion: 483 kcal, 90 g Kohlenhydrate, 16 g Eiweiß, 33,5 g Fett

Zutaten:

150 g Vollkornmehl

50 g Paniermehl

2 Zwiebeln

1 Avocado

1 Ei

½ TL Backpulver

½ TL Meersalz

Pfeffer, Paprikapulver, Knoblauchpulver

etwas Zitronensaft

Zubereitung:

- Schäle die Zwiebeln und schneide sie in feine Ringe.
- Mische in einer Schüssel das Mehl mit dem Salz und dem Backpulver.
- Schlage auf einem Teller das Ei auf und würze es mit Pfeffer und Paprikapulver.

- Gib das Paniermehl in eine weitere Schüssel.

- Nun gibst du die Zwiebelringe zunächst in die Mehlmischung, dann in die Eimischung und in das Paniermehl.

- Die panierten Zwiebelringe gibst du für 20 Minuten bei 100 °C in den Dampfgarer.

- In der Zwischenzeit mischst du das Fruchtfleisch der Avocado mit etwas Salz, dem Knoblauchpulver und Zitronensaft nach Belieben. Mische so lange, bis der Dip eine cremige Konsistenz hat.

- Serviere die fertigen Zwiebelringe mit der Guacamole.

Gefüllte Champignons

Zubereitungszeit: 20 Minuten

Portionen: 2

Nährwerte pro Portion: 144,3 kcal, 1,8 g Kohlenhydrate, 17,2 g Eiweiß, 7,7 g Fett

Zutaten:

200 g Champignons

100 g gekochter Schinken

100 g geriebener Käse

2 EL Crème fraîche

1 EL gemischte Kräuter

eine Prise Salz

eine Prise Pfeffer

Zubereitung:

- Entferne die Stiele der Champignons.

- Schneide den Schinken in kleine Stücke und vermische ihn mit den restlichen Zutaten zu einer gleichmäßigen Masse.

- Gib die Masse in die Champignons.

- Gare die gefüllten Champignons 15 Minuten bei 100 °C im Dampfgarer.

Bananenbrot mit Cashewnüssen

Zubereitungszeit: 60 Minuten

Portionen: 2

Nährwerte pro Portion: 535 kcal, 60 g Kohlenhydrate, 4,6 g Eiweiß, 25,1 g Fett

Zutaten:

100 g Vollkornmehl

50 ml Milch

50 g Rohrzucker

1 reife Banane

25 g Cashewkerne, gehackt

2 EL Kokosöl

1 Ei

½ TL Apfelessig

¼ TL Backpulver

¼ TL Muskatnuss

eine kleine Backform

Zubereitung:

- Vermenge die Banane mit dem Kokosöl und dem Zucker.

- Mische anschließend das Backpulver, Muskat, Salz, ¼ des Mehls und die Milch unter.

- Vermenge in einer zweiten Schüssel das Ei mit dem restlichen Mehl und gib die Mischung unter deine erste Mischung.

- Sobald der Teig sämig geknetet ist, gibst du ihn in eine eingefettete Backform und anschließend für mindestens 45 Minuten bei 100 °C in den Dampfgarer.

- Das Brot nach dem Garen unbedingt abkühlen lassen und dann erst stürzen!

Möhren mit Rosmarin und Kräuterquark

Zubereitungszeit: 20 Minuten

Portionen: 2

Nährwerte pro Portion: 194 kcal, 9 g Kohlenhydrate, 7 g Eiweiß, 13 g Fett

Zutaten:

4 Möhren

1 EL Olivenöl

4 EL Kräuterquark

etwas Rosmarin, gehackt

eine Prise Salz

Zubereitung:

- Schäle die Möhren und schneide sie in Streifen.

- Gib sie mit dem Öl für 20 Minuten bei 100 °C in den Dampfgarer.

- Gib in den letzten 5 Minuten den Rosmarin dazu.

- Schmecke die fertig gegarten Möhren mit Salz ab und serviere sie mit dem Kräuterquark.

Gerösteter Spargel

Zubereitungszeit: 20 Minuten

Portionen: 2

Nährwerte pro Portion: 157 kcal, 7,2 g Kohlenhydrate, 1,8 g Eiweiß, 15 g Fett

Zutaten:

250 g weißer Spargel

2 EL Olivenöl

2 EL geriebener Parmesan

2 TL gemischte Kräuter

Zubereitung:

- Schäle den Spargel und schneide die harten Enden ab.

- Vermische die restlichen Zutaten in einer Schüssel und gib den Spargel hinzu.

- Achte darauf, dass der Spargel gänzlich mit der Mischung bedeckt ist.

- Gib den Spargel mindestens für 15 Minuten bei 100 °C in den Dampfgarer.

Gefüllte Paprika mit Käse und Tomaten

Zubereitungszeit: 25 Minuten

Portionen: 2

Nährwerte pro Portion: 245,8 kcal, 5,2 g Kohlenhydrate, 19,8 g Eiweiß, 20 g Fett

Zutaten:

100 g Käse nach Wahl (gerieben)

50 g getrocknete Tomaten (abgetropft)

1 Paprika

1 Knoblauchzehe

eine Prise Salz

Zubereitung:

- Schneide die Paprika in zwei Hälften und höhle sie aus.

- Mische anschließend die gehackte Knoblauchzehe mit dem geriebenen Käse, dem Salz und den klein gehackten getrockneten Tomaten.

- Gib die Mischung in die Paprikahälften und gib diese anschließend für 20 Minuten bei 100 °C in den Dampfgarer.

Tortillas mit Käse-Mais-Füllung

Zubereitungszeit: 20 Minuten

Portionen: 2

Nährwerte pro Portion: 257 kcal, 8,9 g Kohlenhydrate, 8,7 g Eiweiß, 19,4 g Fett

Zutaten:

2 Mais-Tortillas

50 g Mais aus der Dose

50 g geriebener Käse

2 EL Crème fraîche

1 EL Olivenöl

1 EL gemischte Kräuter

eine Prise Salz

eine Prise Cayennepfeffer

Zubereitung:

- Bestreiche die Tortillas mit dem Öl.

- Vermenge die restlichen Zutaten zu einer sämigen Masse und fülle sie in die Tortillas.

- Gib die gefüllten Tortillas für 10 Minuten bei 100 °C in den Dampfgarer.

Bruschetta mit Knoblauch

Zubereitungszeit: 10 Minuten

Portionen: 2

Nährwerte pro Portion: 135 kcal, 119 g Kohlenhydrate, 4 g Eiweiß, 5 g Fett

Zutaten:

1 Baguette oder 5 Brötchen

2 EL Butter

3 EL gemischte Kräuter

2 Knoblauchzehen

eine Prise Salz

Zubereitung:

- Schneide das Baguette in Scheiben, die Brötchen in Viertel.

- Presse den Knoblauch und vermische ihn mit den restlichen Zutaten.

- Röste die Brotscheiben für 5 Minuten bei 180 °C im Dampfgarer.

- Bestreiche anschließend das Brot von einer Seite mit der Gewürzmischung.

Ei-Muffins

Zubereitungszeit: 30 Minuten

Portionen: 2

Nährwerte pro Portion: 146,5 kcal, 23,9 g Kohlenhydrate, 8,5 g Eiweiß, 1,8 g Fett

Zutaten:

300 g frischer Spinat

1 Möhre, geraspelt

1 kleine Zwiebel

3 EL Paniermehl

1 Ei

2 TL Vollkornmehl

½ TL Knoblauchpulver

eine Prise Meersalz

eine Prise Pfeffer

Zubereitung:

- Hacke das Gemüse in kleine Stücke.

- Vermische die restlichen Zutaten zu einer sämigen Masse und gib das Gemüse dazu.

- Forme aus der Masse kleine Bälle und gib diese für ungefähr 20 Minuten bei 100 °C in den Dampfgarer.

Scharfe Nüsschen

Zubereitungszeit: 15 Minuten

Portionen: 2

Nährwerte pro Portion: 410 kcal, 31 g Kohlenhydrate, 20,3 g Eiweiß, 75 g Fett

Zutaten:

250 g Cashewnüsse

2 EL Olivenöl

½ TL Salz

½ TL Currypulver

½ TL Paprikapulver

eine Prise Cayennepfeffer

Zubereitung:

- Mische das Öl mit den Gewürzen und gib anschließend die Nüsse zu der Mischung.

- Sorge dafür, dass die Nüsse gänzlich mit der Gewürzpaste bedeckt sind.

- Gib die Nüsse für 10 Minuten bei 100 °C in den Dampfgarer.

Suppen

Klassische Minestrone

Zubereitungszeit: 25 Minuten

Portionen: 2

Nährwerte

pro Portion: 270 kcal, 33 g Kohlenhydrate, 15 g Eiweiß, 8,5 g Fett

Zutaten:

100 g Kartoffeln

100 g Möhren

50 g Erbsen

50 g Parmesan

20 g Suppennudeln

1 Zwiebel

½ Zucchini

½ roter Paprika

1 l Gemüsebrühe

2 EL gemischte Kräuter

1 EL Tomatenmark

eine Prise Pfeffer

Zubereitung:

- Die Möhren schälen und Kartoffeln schälen.

- Anschließend die Möhren, Kartoffeln, Zwiebel, Zucchini und Paprika in mundgerechte Stücke schneiden.

- Alle Zutaten, bis auf die Kräuter und den Parmesan für 15 Minuten bei 100 °C garen.

- Die fertige Suppe mit Parmesan und Kräutern garnieren.

Spargelsuppe mit Bärlauch

Zubereitungszeit: 30 Minuten

Portionen: 2

Nährwerte pro Portion: 85 kcal, 16,2 g Kohlenhydrate, 4 g Eiweiß, 1 g Fett

Zutaten:

250 g grüner Spargel

2 Kartoffeln

½ l Gemüsebrühe

125 ml Sahne

eine Handvoll Bärlauch

eine Prise Salz

eine Prise Muskatnuss

Zubereitung:

- Schneide die Enden des Spargels ab, schäle die Kartoffeln und schneide den Spargel und die Kartoffeln in kleine Stücke.

- Gare den Spargel, die Kartoffeln und den Bärlauch mit der Gemüsebrühe mindestens 20 Minuten bei 100 °C.

- Gib das gegarte Gemüse mit den restlichen Zutaten in eine große Schüssel und püriere alles zu einer sämigen Suppe.

Möhrensuppe

Zubereitungszeit: 30 Minuten

Portionen: 2

Nährwerte pro Portion: 313 kcal, 26 g Kohlenhydrate, 5,5 g Eiweiß, 19,4 g Fett

Zutaten:

300 g Möhren

½ l Gemüsebrühe

125 ml Sahne oder Kokosmilch

ein kleines Stück Ingwer

1 Kartoffel

1 Zwiebel

1 Knoblauchzehe

¼ TL Muskatnuss

eine Prise Cayennepfeffer

Zubereitung:

- Schäle und schneide das Gemüse in kleine Stücke.
- Gib alle Zutaten, außer der Sahne/Kokosmilch für mindestens 20 Minuten bei 100 °C in den Dampfgarer.
- Püriere die Suppe anschließend mit der Sahne/der Kokosmilch.

Champignonsuppe

Zubereitungszeit: 25 Minuten

Portionen: 2

Nährwerte pro Portion: 374 kcal, 9, g Kohlenhydrate, 17,2 g Eiweiß, 7,7 g Fett

Zutaten:

300 g Champignons

1 Zwiebel

½ l Gemüsebrühe

100 g geriebener Käse

2 EL Crème fraîche

1 EL gemischte Kräuter

eine Prise Salz

eine Prise Pfeffer

Zubereitung:

- Schäle die Zwiebel und schneide sie klein.

- Schäle oder putze die Pilze und schneide sie in dünne Scheiben.

- Gib das Gemüse mit der Gemüsebrühe und den Gewürzen für mindestens 15 Minuten bei 100 °C in den Dampfgarer.

- Füge anschließend die Kräuter und Crème fraîche hinzu und püriere die Suppe nach Belieben. Zuletzt den Käse hinzugeben.

Brokkoli-Cremesuppe

Zubereitungszeit: 30 Minuten

Portionen: 2

Nährwerte pro Portion: 245,8 kcal, 5,2 g Kohlenhydrate, 19,8 g Eiweiß, 20 g Fett

Zutaten:

1 Brokkoli

1 Zwiebel

1 Knoblauchzehe

1 Kartoffel

250 ml Gemüsebrühe

125 ml Sahne

2 EL gehackte Petersilie

2 EL gehackte Mandeln

eine Prise Salz

Zubereitung:

- Schäle die Zwiebel und schneide sie in kleine Stücke.

- Teile den Brokkoli in Röschen und gib ihn mit der Zwiebel und der Gemüsebrühe für mindestens 20 Minuten bei 100 °C in den Dampfgarer.

- Anschließend die restlichen Zutaten dazugeben und pürieren.

Exotische Kartoffelsuppe mit Mango

Zubereitungszeit: 30 Minuten

Portionen: 2

Nährwerte pro Portion: 500 kcal, 37 g Kohlenhydrate, 4,5 g Eiweiß, 34,4 g Fett

Zutaten:

250 g Kartoffeln

½ Stange Lauch

1 Mango

½ l Gemüsebrühe

125 ml Sahne

2 EL Olivenöl

eine Prise Salz

eine Prise Pfeffer

Zubereitung:

- Schäle die Kartoffeln und die Mango, entkerne und schneide die Mango, schneide den Lauch und die Kartoffeln in kleine Stücke. Lege eine Handvoll Mangostücke beiseite.

- Gib das Gemüse mit der Gemüsebrühe für mindestens 20 Minuten bei 100 °C in den Dampfgarer.

- Sobald das Gemüse gar ist, kannst du alle restlichen Zutaten hinzugeben und nach Belieben pürieren.

- Garniere die Suppe mit den übrigen Mangostücken.

<u>**Grüne Suppe**</u>

Zubereitungszeit: 20 Minuten

Portionen: 2

Nährwerte pro Portion: 353 kcal, 5,6 g Kohlenhydrate, 3,3 g Eiweiß, 34,2 g Fett

Zutaten:

1 Zucchini

250 g Gurke

½ l Gemüsebrühe

125 ml Sahne

2 EL Olivenöl

eine Prise Salz

eine Prise Pfeffer

Zubereitung:

- Schneide das Gemüse in Würfel und gare es für 10 Minuten bei 100 °C.

- Gib nun die Gemüsebrühe, die Sahne, das Olivenöl und die Gewürze hinzu und gare die Suppe für weitere 5 Minuten bei 100 °C.

- Anschließend pürieren, abschmecken und gegebenenfalls nachwürzen.

Kokossuppe mit Tofu

Zubereitungszeit: 30 Minuten

Portionen: 2

Nährwerte pro Portion: 307 kcal, 21,2 g Kohlenhydrate, 8 g Eiweiß, 20,1 g Fett

Zutaten:

½ l Gemüsebrühe

100 ml Kokosmilch

100 g Kartoffeln

100 g Lauch

100 g Möhren

100 g Tofu

1 Zwiebel

2 EL Olivenöl

1 EL Zitronensaft

1 TL Sesamsamen

½ Chilischote

eine Prise Pfeffer

Zubereitung:

- Die Möhren, die Zwiebel und die Kartoffeln schälen und das gesamte Gemüse und den Tofu in mundgerechte Stücke schneiden.

- Alle Zutaten, außer den Sesamsamen für mindestens 25 Minuten bei 100 °C in den Dampfgarer geben.

- Die fertige Suppe mit Sesamsamen garnieren.

<u>Rindersuppe</u>

Zubereitungszeit: 70 Minuten

Portionen: 2

Nährwerte pro Portion: 122 kcal, 11,5 g Kohlenhydrate, 12,1 g Eiweiß, 2,7 g Fett

Zutaten:

200 g Rindfleisch

1 Zwiebel

2 Möhren

100 g Sellerieknolle

100 g Lauch

1 l Gemüsebrühe

eine Prise Salz

Zubereitung:

- Schneide das Rindfleisch in mundgerechte Stücke.

- Schäle das Gemüse gegebenenfalls und schneide es in kleine Stücke.

- Gib das Rinderfleisch mit der Gemüsebrühe in einem ungelochten Garbehälter für mindestens 60 Minuten bei 100 °C in den Dampfgarer.

- Füge 15 Minuten vor Ende der Garzeit auch das Gemüse hinzu.

Fruchtige Gemüsesuppe

Zubereitungszeit: 20 Minuten

Portionen: 2

Nährwerte pro Portion: 110 kcal, 22,5 g Kohlenhydrate, 2,8 g Eiweiß, 1,3 g Fett

Zutaten:

½ l Gemüsebrühe

250 g Möhren

1 Apfel

1 kleine Zwiebel

Saft einer Orange

eine Prise Salz

eine Prise Pfeffer

Zubereitung:

- Den Apfel schälen und das Kerngehäuse entfernen, die Möhren und die Zwiebel schälen und in kleine Würfel schneiden.

- Anschließend alle Zutaten in einer ungelochten Garschale für 15 Minuten bei 100 °C garen.

- Nach Belieben pürieren.

Cremige Zucchinisuppe

Zubereitungszeit: 20 Minuten

Portionen: 2

Nährwerte pro Portion: 257 kcal, 8,9 g Kohlenhydrate, 8,7 g Eiweiß, 19,4 g Fett

Zutaten:

250 g Zucchini

1 Zwiebel

250 ml Gemüsebrühe

125 ml Sahne

1 EL Olivenöl

1 EL gemischte Kräuter

eine Prise Salz

eine Prise Pfeffer

Zubereitung:

- Schäle die Zwiebel und schneide sie und die Zucchini in kleine Würfel.

- Gib nun alle Zutaten, bis auf die Sahne und die Kräuter für 15 Minuten bei 100 °C in den Dampfgarer.

- Püriere anschließend die Suppe mit der Sahne und garniere sie mit den Kräutern.

Kokossuppe mit Garnelen

Zubereitungszeit: 20 Minuten

Portionen: 2

Nährwerte pro Portion: 166 kcal, 12,5 g Kohlenhydrate, 13 g Eiweiß, 1,5 g Fett

Zutaten:

250 ml Gemüsebrühe

100 g Champignons

50 g Erbsen

100 ml Kokosmilch

1 Stange Zitronengras

10 g Ingwer

8 geschälte Garnelen

2 EL gehackter Koriander

½ Chilischote

eine Prise Salz

Zubereitung:

- Das Zitronengras putzen und faserig klopfen. Die Chilischote einritzen, den Ingwer schälen und in feine Scheiben schneiden.

- Die Pilze putzen und halbieren.

- Alle Zutaten, bis auf den Koriander in einen ungelochten Garbehälter geben und mindestens 20 Minuten bei 100 °C garen.

- Zum Schluss mit dem Koriander bestreuen.

Hühnersuppe

Zubereitungszeit: 20 Minuten

Portionen: 2

Nährwerte pro Portion: 390 kcal, 54 g Kohlenhydrate, 33,1 g Eiweiß, 3,2 g Fett

Zutaten:

200 g Hähnchenbrust

100 g Möhren

100 g Kartoffeln

½ l Gemüsebrühe

100 g Suppennudeln

½ Sellerie

½ Lauch

1 Zwiebel

2 EL gehackte Kräuter

eine Prise Pfeffer

Zubereitung:

- Das Gemüse nach Bedarf schälen und anschließend in mundgerechte Stücke schneiden.

- Das Fleisch unter kaltem Wasser abwaschen, abtupfen und ebenfalls in mundgerechte Stücke schneiden.

- Nun das Gemüse mit der Brühe in einem ungelochten Garbehälter für 20 Minuten bei 100 °C in den Dampfgarer geben. Nach 10 Minuten Garzeit zusätzlich die Nudelnund das Fleisch dazugeben.

- Die fertige Suppe mit Kräutern garnieren.

Kartoffelsuppe mit einem Hauch Asien

Zubereitungszeit: 30 Minuten

Portionen: 2

Nährwerte pro Portion: 371 kcal, 33,2 g Kohlenhydrate, 6,2 g Eiweiß, 22,8 g Fett

Zutaten:

½ l Gemüsebrühe

300 g Kartoffeln

150 ml Sahne

1 Stange Lauch

2 Knoblauchzehen

1 Handvoll Petersilie

1 Stück Ingwer (2 cm)

1 TL Currypulver

eine Prise Salz

eine Prise Pfeffer

Zubereitung:

- Die Kartoffeln, den Knoblauch und den Ingwer schälen, den Lauch gründlich waschen.

- Das Gemüse in kleine Stücke bzw. den Lauch in Ringe schneiden, Petersilie hacken.

- Alle Zutaten, bis auf die Sahne in eine Garschüssel geben und für 20 Minuten bei 100 °C garen.

- Anschließend die Sahne hinzugeben und nach Belieben pürieren.

Fischsuppe

Zubereitungszeit: 25 Minuten

Portionen: 2

Nährwerte pro Portion: 496 kcal, 14 g Kohlenhydrate, 46 g Eiweiß, 4,9 g Fett

Zutaten:

400 g Rotbarschfilet

400 ml Fischfond

100 ml Weißwein

50 g Shrimps

1 Bund Suppengrün

1 Zwiebel

3 EL Zitronensaft

3 EL Crème fraîche

2 EL Butter

½ Chilischote

eine Prise Salz

Zubereitung:

- Das Gemüse in feine Ringe schneiden. Den Rotbarsch in mundgerechte Stücke schneiden und mit den restlichen Zutaten, außer der Crème fraîche in einem Garbehälter für mindestens 15 Minuten bei 100 °C in den Dampfgarer geben.

- Die fertige Suppe mit Crème fraîche garnieren.

Fischgerichte

Zander mit Safransoße

Zubereitungszeit: 25 Minuten

Portionen: 2

Nährwerte pro Portion: 184 kcal, 10 g Kohlenhydrate, 30 g Eiweiß, 2 g Fett

Zutaten:

2 Zanderfilets

200 g Möhren

200 g Knollensellerie

150 ml Wasser

1 TL Balsamicocreme

1 TL Senf

Safranfäden

eine Prise Salz

eine Prise Pfeffer

Zahnstocher

Zubereitung:

- Wasche den Fisch und tupfe ihn vorsichtig ab. Salze den Fisch anschließend. Rolle ihn auf und fixiere ihn mit Zahnstochern.

- Schäle das Gemüse und schneide es in feine Streifen.

- Gib das Gemüse zusammen mit dem Fisch in einem gelochten Garbehälter für 10 Minuten bei 100 °C in den Dampfgarer.

- Mische in der Zwischenzeit die restlichen Zutaten und gib die Soße in einem ungelochten Behälter für 5 Minuten bei 100 °C in den Dampfgarer.

- Serviere den Fisch mit dem Gemüse und der Soße.

Thai-Fischbällchen

Zubereitungszeit: 30 Minuten

Portionen: 2

Nährwerte pro Portion: 266 kcal, 8 g Kohlenhydrate, 27 g Eiweiß, 11 g Fett

Zutaten:

200 g Seelachsfilet ohne Haut

1 Knoblauchzehe, gehackt

1 kleine Zwiebel, gehackt

1 Ei

2 EL Limettensaft

1 TL rote Currypaste

2 EL Thai-Fischsoße

Für den Gurkensalat:

¼ Gurke

1 EL gehackter Koriander

1 EL gehackte Minze

1 EL Sesamöl

1 TL Rohrzucker

1 TL Reisessig

eine Prise Salz

eine Prise Pfeffer

Zubereitung:

- Wasche den Fisch, tupfe ihn ab und schneide ihn in kleine Würfel.

- Püriere den Fisch mit dem Limettensaft, dem Ei, der Currypaste, der Zwiebel, dem Knoblauch und der Fischsoße. Forme aus der Masse kleine Bälle. Gib die Bälle für 15 Minuten bei 100 °C in einer gelochten Garschale in den Dampfgarer.

- Schneide die Gurke in feine Streifen und mische aus den restlichen Zutaten ein Dressing an, welches du über die Gurkenstreifen gibst.

- Serviere die Fischbällchen mit dem Gurkensalat.

Überbackenes Fischfilet

Zubereitungszeit: 45 Minuten

Portionen: 4

Nährwerte pro Portion: 450 kcal

Zutaten:

4 Filets in Streifen geschnitten (Seelachs, Rotbarsch etc.)

20 g Butter

1 Becher Sahne

2 Eidotter

3 EL feinwürziger Senf

je 30 ml Crème fraîche

gehackte Petersilie

geriebenes Weißbrot

Salz und Pfeffer

Zubereitung:

- Der Dampfgarer wird auf 200 °C vorgeheizt. Die gewürzten Filetstreifen in einen gefetteten, ungelochten Garbehälter legen. Alle anderen Zutaten vermengen, über die Fischfilets gießen und für ca. 15 Minuten goldgelb backen.

Lachs mit Sesam

Zubereitungszeit: 35 Minuten

Portionen: 2

Nährwerte pro Portion: 283 kcal, 2,6 g Kohlenhydrate, 22 g Eiweiß, 19 g Fett

Zutaten:

2 Lachfilets

1 kleine Zucchini

2 EL Butter

1 EL Sojasoße

1 EL Sesam

eine Prise Salz

eine Prise Pfeffer

Zubereitung:

- Wasche den Fisch und tupfe ihn trocken.

- Schneide die Zucchini in dünne Scheiben und gib sie für 6 Minuten bei 100 °C in einen gelochten Gareinsatz in den Dampfgarer.

- Würze den Fisch und gib ihn mit der Butter, der Sojasoße und dem Sesam für 15 Minuten bei 75 °C in einer ungelochten Garschale in den Dampfgarer.

- Den Fisch mit den Zucchini servieren.

Kabeljau mit Tomatenkruste

Zubereitungszeit: 35 Minuten

Portionen: 2

Nährwerte pro Portion: 345 kcal, 13 g Kohlenhydrate, 24 g Eiweiß, 20,4 g Fett

Zutaten:

2 Kabeljaufilets

150 g Knollensellerie

50 g getrocknete Tomaten in Öl

50 g Zuckerschoten

2 Frühlingszwiebeln

4 EL Paniermehl

25 ml Sahne

1 EL Mayonnaise

1 EL gehackter Rosmarin

eine Prise Salz

eine Prise Pfeffer

Zubereitung:

- Schäle die Knollensellerie und schneide sie in mundgerechte Stücke. Gib sie anschließend in einen gelochten Garbehälter für 15 Minuten bei 100 °C in den Dampfgarer.

- Püriere die getrockneten Tomaten und mische sie mit dem Paniermehl.

- Verteile die Mischung auf dem gewaschenen und abgetupften Fisch.

- Schneide die Zuckerschoten und Frühlingszwiebeln in kleine Ringe und gib sie zusammen mit dem Fisch für 10 Minuten bei 100 °C in einer gelochten Garschale mit in den Dampfgarer.

- Püriere den Sellerie mit 15 ml Sahne, koche ihn kurz in einem Topf auf und würze ihn mit Salz und Pfeffer. Die restliche Sahne mit der Mayonnaise glatt rühren.

- Serviere den Fisch mit dem Gemüse und Selleriepüree auf einem Teller, träufle die Mayonnaise dazu und bestreue alles mit Rosmarin.

Seefischfilet überbacken

Zubereitungszeit: 40 Minuten

Portionen: 2

Nährwerte pro Portion: 834 kcal, 19 g Kohlenhydrate, 54 g Eiweiß, 68 g Fett

Zutaten:

2 Seefischfilets

150 g geriebener Gouda

3 EL Sahne

3 EL Paniermehl

2 EL gehackter Schnittlauch

2 EL gehackte Petersilie

1 EL Butter

eine Prise Salz

eine Prise Pfeffer

Zubereitung:

- Wasche den Fisch und tupfe ihn ab, anschließend salzen.

- Fette einen ungelochten Garbehälter mit Butter ein und lege den Fisch hinein.

- Vermische die restlichen Zutaten, gib die Mischung auf den Fisch und gare das Ganze bei 100 °C für 10 Minuten.

Lachs mit Blattspinat

Zubereitungszeit: 20 Minuten

Portionen: 2

Nährwerte pro Portion: 230 kcal, 10 g Kohlenhydrate, 25 g Eiweiß, 9 g Fett

Zutaten:

2 Lachsfilets

500 g Blattspinat

1 Zwiebel

1 Tomate

1 Knoblauchzehe

1 Zitrone

eine Prise Salz

eine Prise Muskat

eine Prise Pfeffer

geriebener Käse nach Belieben

Zubereitung:

- Wasche den Fisch und tupfe ihn ab.

- Wasche den Spinat ebenfalls und lasse ihn abtropfen.

- Schneide die Tomate in feine Streifen.

- Schäle und hacke den Knoblauch und die Zwiebel.

- Reibe den Fisch mit der Hälfte der Gewürze, des Knoblauchs und der Zwiebel ein. Gib den Fisch für 12 Minuten bei 100 °C auf die Garplatte des Dampfgarers.

- Gib den Blattspinat mit den restlichen Gewürzen, den Zwiebel- und Knoblauchstücken und der Tomate in einen ungelochten Garbehälter und gib diesen für 5 Minuten bei 100 °C in den Dampfgarer.

- Serviere den Fisch mit dem Spinatgemüse und garniere ihn nach Belieben mit Käse.

Dorade mit Blumenkohl

Zubereitungszeit: 60 Minuten

Portionen: 2

Nährwerte pro Portion: 277 kcal, 6 g Kohlenhydrate, 28 g Eiweiß, 15 g Fett

Zutaten:

2 Doraden

1 Zitrone

1 Zwiebel

1 Blumenkohl

1 TL gehackte Chilischote

eine Prise Salz

eine Prise Pfeffer

Zubereitung:

- Wasche den Fisch und tupfe ihn trocken. Ritze den Fisch auf beiden Seiten dreimal ein und würze ihn mit Salz und Pfeffer.

- Schäle die Zwiebel und schneide sie in feine Ringe. Fülle die Dorade mit der Chilischote und der Zwiebel.

- Beträufle den Fisch mit Zitronensaft und gib ihn für eine halbe Stunde zum Ruhen in den Kühlschrank.

- Schneide in der Zwischenzeit den Blumenkohl in kleine Röschen.

- Lege den Blumenkohl in eine gelochte Garschale und platziere den Fisch darauf. Gare beides für 12 Minuten bei 70 °C.

Scholle mit Joghurt-Honig-Soße

Zubereitungszeit: 25 Minuten

Portionen: 2

Nährwerte pro Portion: 220 kcal, 17 g Kohlenhydrate, 27 g Eiweiß, 8 g Fett

Zutaten:

2 Schollenfilets

500 g Tomaten

4 EL Joghurt

1 EL Honig

1 EL Butter

1 TL Senf

1 TL Sesamsamen

eine Prise Salz

eine Prise Pfeffer

Zubereitung:

- Wasche den Fisch und tupfe ihn vorsichtig trocken. Würze ihn mit Salz und Pfeffer.

- Brate die Sesamsamen mit der Butter in einer Pfanne an. Mische sie anschließend mit dem Joghurt, dem Honig, Senf und den Gewürzen.

- Schneide die Tomaten in kleine Stücke und gib sie mit dem Fisch in einer ungelochten Garschale für 8 Minuten bei 85 °C in den Dampfgarer.

- Richte den Fisch mit den Tomaten und der Joghurt-Honig-So-ße auf einen Teller an.

Dazu passen Bandnudeln.

Kabeljau mit Senfsoße

Zubereitungszeit: 45 Minuten

Portionen: 2

Nährwerte pro Portion: 303 kcal, 1 g Kohlenhydrate, 27 g Eiweiß, 2,4 g Fett

Zutaten:

2 Kabeljaukoteletts

50 ml Weißwein

2 Eigelbe

2 EL Senf

1 EL Olivenöl

1 EL Sahne

eine Prise Chili

Zubereitung:

- Wasche den Fisch und tupfe ihn trocken. Den Fisch salzen und pfeffern.

- Einen gelochten Garbehälter mit Öl einfetten, den Fisch hin-eingeben und bei 100 °C für 10 Minuten garen. Nach 5 Minu-ten wenden.

- Nun kannst du die Gräten und die Haut leicht entfernen.

- Die restlichen Zutaten über einem Wasserbad schaumig schlagen.

- Die Soße mit dem Fisch servieren.

Rotbarsch mit Gemüse

Zubereitungszeit: 25 Minuten

Portionen: 2

Nährwerte pro Portion: 367 kcal, 13 g Kohlenhydrate, 27,5 g Eiweiß, 21 g Fett

Zutaten:

2 Rotbarschfilets

500 g Tomaten

1 kleine Zucchini

1 Zwiebel

2 EL Olivenöl

2 EL gehackte Kräuter

1 TL gehackte Chili

eine Prise Salz

eine Prise Pfeffer

Zubereitung:

- Wasche den Fisch und tupfe ihn ab, bestreue ihn anschließend mit Salz.

- Wasche die Tomaten und Zucchini und schneide sie in feine Streifen.

- Schäle die Zwiebel und schneide sie ebenfalls in feine Streifen.

- Gib den Fisch in eine Garschale, bei der die austretende Flüssigkeit ablaufen kann.

- Gib das Gemüse mit den restlichen Zutaten in eine ungelochte Garschale und platziere sie ebenfalls im Dampfgarer.

- Gare alles für 10 Minuten bei 100 °C.

Pangasiusfilet mit rotem Pesto

Zubereitungszeit: 30 Minuten

Portionen: 2

Nährwerte pro Portion: 458 kcal, 4 g Kohlenhydrate, 30 g Eiweiß, 5,4 g Fett

Zutaten:

2 Pangasiusfilets

1 Zwiebel

100 ml Fischfond

100 ml Sahne

100 ml Weißwein

3 EL rotes Pesto

1 EL Butter

1 EL Balsamicocreme

eine Prise Muskat

eine Prise Salz

eine Prise Pfeffer

Zahnstocher

Zubereitung:

- Wasche den Fisch und tupfe ihn trocken. Schneide ihn längs in zwei Hälften.

- Bestreiche die Hautseite des Fischs mit dem Pesto, rolle den Fisch auf und fixiere ihn mit Zahnstochern.

- Gib den Fisch für 10 - 12 Minuten in einen gelochten Garbehälter bei 85 °C.

- Schäle die Zwiebel, hacke sie klein und dünste sie in einer Pfanne mit der Butter an.

- Gib den Weißwein, den Fischfond und die Sahne hinzu. Lasse die Mischung etwas einkochen und füge dann den Balsamico dazu.

- Schmecke die Soße mit Gewürzen ab und serviere sie zum Fisch. Dazu passt Wildreis oder Quinoa.

Gefüllter Tintenfisch

Zubereitungszeit: 50 Minuten

Portionen: 2

Nährwerte pro Portion: 577 kcal, 23 g Kohlenhydrate, 43 g Eiweiß, 33 g Fett

Zutaten:

2 Tintenfische

150 g geschälte Garnelen ohne Darm

50 ml Sahne

50 ml Fischfond

50 g Erdnüsse

Saft einer halben Limette

½ Mango

2 EL Sojasoße

2 EL Pflaumenmus

2 TL Fischsoße

1 EL Erdnussöl

eine Prise Pfeffer

eine Prise Salz

Zahnstocher

Zubereitung:

- Wasche die Garnelen, tupfe sie ab und hacke sie klein. Mische sie anschließend mit dem Limettensaft, der Hälfte der Fischsoße und der Hälfte der Sojasoße.

- Den Tintenfisch waschen und trocknen. Die Tentakel abschneiden und in kleine Stücke schneiden.

- Die Tintenfische mit der Garnelencreme befüllen und mit Zahnstochern verschließen. Anschließend die Tentakel und den gefüllten Tintenfisch bei 100 °C in einem gelochten Garbehälter für 20 Minuten garen.

- Die Erdnüsse mit dem Erdnussöl in einer Pfanne anrösten.

- Mische das Pflaumenmus mit der restlichen Fischsoße, dem Fischfond und der Sojasoße. Lasse die Mischung kurz in einem Topf aufkochen.

- Schneide die Mango in kleine Stücke.

- Serviere die gefüllten Tintenfische mit den Tentakeln, der Mango, den Erdnüssen und der Soße.

Schollenfilet auf Gemüse

Zubereitungszeit: 45 Minuten

Portionen: 2

Nährwerte pro Portion: 197 kcal, 15 g Kohlenhydrate, 17 g Eiweiß, 7 g Fett

Zutaten:

2 Schollenfilets

100 g Brokkoli

100 g Cocktailtomaten

100 g Lauch

4 EL Joghurt

1 TL Senf

1 TL Honig

eine Prise Salz

eine Prise Pfeffer

Zubereitung:

- Wasche den Fisch und tupfe ihn ab.

- Wasche das Gemüse und schneide es in mundgerechte Stücke. Gib es anschließend in einem gelochten Garbehälter bei 100 °C für 20 Minuten in den Dampfgarer.

- Mische in der Zwischenzeit den Joghurt, den Senf, den Honig und die Gewürze.

- Gib den Fisch die restlichen 8 Minuten zu dem Gemüse dazu.

- Serviere den Fisch mit dem Gemüse und dem Dip.

Riesengarnelen mit Spargel

Zubereitungszeit: 40 Minuten

Portionen: 2

Nährwerte pro Portion: 322 kcal, 12 g Kohlenhydrate, 45 g Eiweiß, 8 g Fett

Zutaten:

6 geschälte und vorgekochte Riesengarnelen

200 g weißer Spargel

200 g grüner Spargel

1 kleine Zwiebel

2 EL Weißweinessig

2 EL Nussöl

1 EL Weißwein

1 EL Zitronensaft

1 EL gehackter Estragon

1 EL gehackter Kerbel

1 EL gehackte Kresse

1 EL gehackter Schnittlauch

eine Prise Salz

eine Prise Pfeffer

Zubereitung:

- Schneide die harten Enden des Spargels ab und schäle den weißen Spargel. Schneide den Spargel anschließend mittig durch.

- Gib den weißen Spargel in einem gelochten Garbehälter bei 100 °C für 2 Minuten in den Dampfgarer. Gib anschließend den grünen Spargel für weitere 7 Minuten dazu.

- Gib die Riesengarnelen in einen gelochten Garbehälter für 2 Minuten in den Dampfgarer dazu.

- Vermische Kräuter, Zitronensaft, Weißweinessig, Weißwein, das Nussöl, das Salz und den Pfeffer.

- Serviere die Garnelen mit der Soße und dem Spargel.

Weihnachtsgerichte

Gänsebrust im Dampfgarer

Vorbereitungszeit: 30 Minuten

Garzeit: 1,5 Stunden

4 Portionen

Zutaten:

2 TK-Gänsebrüste mit Knochen à 950 g

225 g TK-Suppengemüse

25 g TK-Petersilie

je 1 Zwiebel

1 Apfel, in Würfel geschnitten

1 Orange, in Scheiben geschnitten

TL Gemüsebrühe

300 ml warmes Wasser

Zubereitung

- Die Gänsebrüste mit Salz, Pfeffer würzen und auf der Hautseite braten, in eine hohe Form legen. Die Zwiebel- und Apfelwürfel, geschnittene Orange, Petersilie und TK-Suppengemüse rundherum verteilen. Die im warmen Wasser aufgelöste Brühe und den Sud in die Bratenform geben.

- Die Gänsebrüste bei 170 °C auf Heißluft und Dämpfen für 1,5 Stunden garen.

- Nach Ablauf der Zeit die Gänsebrüste warm stellen. Das überschüssige Fett vom Gemüse abschöpfen und aus dem Rest eine Soße herstellen.

Bratapfel

Garzeit: 20 bis 30 Minuten

4 Portionen

Zutaten:

4 Äpfel

4 TL Aprikosenkonfitüre

50 g Sultaninen

50 g gehackte Mandeln

20 g Zucker

10 g Vanillezucker

etwas Butter

etwas Zimt

Zubereitung:

- Bei den gewaschenen Äpfeln Deckel abschneiden und das Kerngehäuse ausstechen. Alle anderen Zutaten vermengen und in die Öffnung der Äpfel geben, mit einem Löffelstiel hineindrücken und die Deckel wieder aufsetzen.

- Die Äpfel in einen ungelochten Garbehälter stellen und für 20 - 30 Minuten dämpfen.

Braten vom Hirsch mit Feigensenfkruste

Zubereitungszeit: 70 Minuten

Portionen: 4

Nährwerte pro Portion: 498 kcal, 54 g Eiweiß, 14 g KH, 22 g Fett

Zutaten:

1 kg Damhirsch aus der Keule

250 ml Wildfond

250 ml Rotwein

150 ml Sahne

2 TL scharfer Senf

2 EL Feigensenf

2 EL Öl

3 EL Honig

3 EL Paniermehl

Salz

Pfeffer

Soßenbinder nach Bedarf

Zubereitung:

- Den Dampfgarer auf 180 °C vorheizen. Das gewaschene, trocken getupfte Fleisch mit Salz und Pfeffer würzen. Das Fleisch im heißen Bräter von allen Seiten stark anbraten. Je die Hälfte vom Fond und Wein über das Fleisch geben und abgedeckt im Garer ca. 70 Minuten garen, öfter mit Bratenfond übergießen.

- Den Honig, Feigensenf, Senf und Paniermehl vermischen und 10 Minuten vor Ende der Garzeit auf dem Fleisch verteilen.

- Die Grillfunktion dazu schalten und die Kruste überbacken. Zum Schluss Fleisch aus dem Bräter holen, den Bratenfond mit dem restlichen Wein und Fond ergänzen.

- Sahne unterrühren, mit Salz und Pfeffer würzen.

- Nach Bedarf die Soße noch binden.

Fleischgerichte

Knusprige Hähnchenkeulen

Zubereitungszeit: 40 Minuten

Portionen: 2

Nährwerte pro Portion: 625 kcal, 1 g Kohlenhydrate, 51 g Eiweiß, 45g Fett

Zutaten:

4 Hähnchenkeulen

4 Frühlingszwiebeln

100 ml Geflügelfond

2 EL Olivenöl

eine Prise Curry

eine Prise Pfeffer

Zubereitung:

- Wasche die Hähnchenkeulen und tupfe sie vorsichtig trocken.

- Fette eine Auflaufform mit Olivenöl ein.

- Würze die Hähnchenkeulen, lege sie in die Auflaufform und gib die Auflaufform bei 200 °C für 25 Minuten in den Dampfgarer.

- Schneide in der Zwischenzeit die Frühlingszwiebeln in kleine Ringe und gib sie anschließend mit dem Geflügelfond in die Auflaufform.

- Gib die Auflaufform für weitere 10 Minuten bei 200 °C in den Dampfgarer.

Hähnchenbrustfilet mit Mango

Zubereitungszeit: 30 Minuten

Portionen: 2

Nährwerte pro Portion: 325 kcal, 16 g Kohlenhydrate, 23 g Eiweiß, 17 g Fett

Zutaten:

200 g Hähnchenfilet

1 Mango

100 ml Sahne

50 ml Wasser

2 EL Orangensaft

2 TL Senf

1 TL Curry

1 TL Kurkuma

eine Prise Salz

eine Prise Pfeffer

Zubereitung:

- Wasche das Fleisch, tupfe es ab und gib es in einen gelochten Garbehälter.

- Schäle, entkerne und schneide die Mango in kleine Stücke und gib die Hälfte davon mit den Gewürzen und Senf in einen ungelochten Garbehälter.

- Gib beide Garbehälter bei 140 °C für 20 Minuten in den Dampfgarer, wobei sich der Garbehälter mit dem Fleisch über dem Garbehälter mit der Mango befinden sollte.

- Mische die Mangomischung mit der Sahne, der restlichen Mango, dem Orangensaft und Wasser.

- Püriere alles zu einer sämigen Soße und serviere sie zu dem Fleisch.

Schweinemedaillons mit Brokkoli

Zubereitungszeit: 25 Minuten

Portionen: 2

Nährwerte pro Portion: 637 kcal, 7 g Kohlenhydrate, 26 g Eiweiß, 54 g Fett

Zutaten:

200 g Schweinemedaillons

200 g Brokkoli

1 Becher Sahne

2 EL Olivenöl

eine Prise Salz

eine Prise Pfeffer

eine Prise Paprikapulver

Zubereitung:

- Wasche das Fleisch und tupfe es ab.

- Das Fleisch mit den Gewürzen einreiben und für 12 Minuten bei 100 °C in einem ungelochten Garbehälter in den Dampfgarer geben.

- Den Brokkoli in Röschen teilen und für etwa 15 Minuten mit der Sahne in einen ungelochten Garbehälter in den Dampfgarer geben.

- Das Fleisch bei Bedarf nach dem Garen in einer Pfanne mit etwas Öl scharf anbraten, um eine Kruste zu erhalten.

- Anschließend das Fleisch mit dem Gemüse servieren.

Hähnchen mit Spitzkohl

Zubereitungszeit: 20 Minuten

Portionen: 2

Nährwerte pro Portion: 322 kcal, 9 g Kohlenhydrate, 31 g Eiweiß, 17 g Fett

Zutaten:

2 Hähnchenbrustfilets

200 g Spitzkohl

1 gelber Paprika

1 Zwiebel

1 Knoblauchzehe

2 EL Olivenöl

2 EL Sojasoße

eine Prise Salz

eine Prise Pfeffer

Zubereitung:

- Wasche und trockne das Fleisch ab.

- Würze das Fleisch anschließend mit Salz und Pfeffer und gib es für 10 Minuten bei 100 °C in einem ungelochten Garbehälter in den Dampfgarer.

- Entkerne die Paprika und schneide sie ebenso wie das restliche Gemüse in feine Streifen.

- Füge nun alle restlichen Zutaten in den Garbehälter und gib diesen für 7 Minuten bei 100 °C in den Dampfgarer. Dazu passt Wildreis oder Quinoa.

Mit Rucola gefüllte Hühnerbrust

Zubereitungszeit: 35 Minuten

Portionen: 2

Nährwerte pro Portion: 474 kcal, 6 g Kohlenhydrate, 42 g Eiweiß, 35 g Fett

Zutaten:

2 Hühnerbrustfilets

150 g Feta

50 g Rucola

2 EL Olivenöl

1 Zwiebel

eine Prise Salz

eine Prise Pfeffer

Zubereitung:

- Gib alle Zutaten, bis auf das Fleisch in einen Hochleistungsmixer und püriere alles zu einer sämigen Masse.

- Wasche und trockne das Fleisch und schneide es längs auf.

- Befülle es anschließend mit der Paste und gib es bei 100 °C in einem ungelochten Garbehälter für 20 Minuten in den Dampfgarer. Dazu passt ein gemischter Salat.

Würziges Hähnchen im Wrap

Zubereitungszeit: 40 Minuten

Portionen: 2

Nährwerte pro Portion: 563 kcal, 64 g Kohlenhydrate, 37 g Eiweiß, 17,2 g Fett

Zutaten:

2 Hähnchenbrustfilets

1 kleine Zucchini

1 kleiner grüner Paprika

1 kleine Zwiebel

1 Knoblauchzehe

2 EL Olivenöl

2 Wraps

eine Prise Salz

eine Prise Pfeffer

eine Prise Oregano

Zubereitung:

- Wasche das Fleisch und tupfe es ab, schneide es anschließend in feine Streifen.

- Mische das Olivenöl mit den Gewürzen und mariniere das Fleisch damit. Lasse das Fleisch anschließend 20 Minuten bei Raumtemperatur ruhen.

- Schneide in der Zwischenzeit das Gemüse in feine Scheiben und gib es mit dem marinierten Fleisch für 15 Minuten bei 100 °C in einem ungelochten Garbehälter in den Dampfgarer. Rühre die Mischung alle 5 Minuten um.

- Fülle die Mischung anschließend in zwei Wraps.

Asia-Hähnchen

Zubereitungszeit: 30 Minuten

Portionen: 2

Nährwerte pro Portion: 393 kcal, 15 g Kohlenhydrate, 52 g Eiweiß, 13 g Fett

Zutaten:

2 Hähnchenbrustfilets

400 ml Gemüsebrühe

100 g Lauch

100 g Möhren

50 g Pak Choi

2 EL gehackter Ingwer

2 EL Sesamöl

2 EL Sojasoße

2 EL gehackter Koriander

1 TL Rohrzucker

1 TL Limettensaft

1 TL Speisestärke

Zubereitung:

- Wasche das Fleisch und tupfe es ab. Reibe es anschließend mit Sesamöl ein.

- Schneide das Gemüse in feine Ringe.

- Mische die Gemüsebrühe mit Ingwer, Sojasoße, Koriander, Rohrzucker, Limettensaft und der Speisestärke.

- Gib das Fleisch mit dem Gemüse und der Gemüsebrühe in einem ungelochten Garbehälter bei 100 °C für 20 Minuten in den Dampfgarer. Dazu passt Reis.

Putenspieße mit Paprika

Zubereitungszeit: 40 Minuten

Portionen: 2

Nährwerte pro Portion: 228 kcal, 12 g Kohlenhydrate, 32 g Eiweiß, 5 g Fett

Zutaten:

250 Putenfleisch

1 gelber Paprika

125 ml Hühnerbrühe

1 EL Butter

1 EL Zucker

1 TL Tomatenmark

1 TL Balsamicoessig

eine Prise Salz

Holzspieße

Zubereitung:

- Wasche das Fleisch, tupfe es ab und schneide es in mundgerechte Stücke.

- Entferne das Gehäuse des Paprikas und schneide ihn in kleine Stücke.

- Spieße immer abwechselnd Fleisch und Paprika auf den Spießen auf und lege sie für 20 Minuten bei 100 °C auf die Garplatte des Dampfgarers.

- Erhitze nun den Zucker in einem Topf, bis er karamellisiert. Anschließend vom Herd nehmen, die Brühe und Butter einrühren.

- Den Topf erneut auf den Herd geben und unter ständigem Rühren 3 Minuten köchelnlassen. Nun den Balsamico und das Tomatenmark einrühren und mit Salz abschmecken.

- Die Spieße mit der Soße anrichten. Dazu passen Kartoffeln oder Reis.

Hähnchenbrust mit Senfsoße

Zubereitungszeit: 30 Minuten

Portionen: 2

Nährwerte pro Portion: 692 kcal, 26 g Kohlenhydrate, 55 g Eiweiß, 37 g Fett

Zutaten:

2 Hähnchenbrustfilets

4 Tomaten

2 Möhren

1 Zwiebel

1 Becher Sahne

2 EL Senf

1 EL Speisestärke

eine Prise Salz

Zubereitung:

- Wasche das Fleisch, tupfe es anschließend ab und salze es.

- Lege das Fleisch in einen Garbehälter mit Löchern und gare es für 10 Minuten bei 100 °C.

- Vermische nun Senf, Sahne und die Speisestärke und gib die Soße in einen Garbehälter ohne Löcher. Platziere diesen Behälter unter dem Behälter mit dem Fleisch und lasse ihn für 5 Minuten bei 100 °C im Dampfgarer.

- Schäle das Gemüse gegebenenfalls und schneide es in Scheiben. Gib das Gemüse in einen Garbehälter mit Löchern für 5 Minuten bei 100 °C mit in den Dampfgarer.

- Serviere das Fleisch mit der Soße und dem Gemüse.

Entenbrustfilets mit Honigsoße

Zubereitungszeit: 60 Minuten

Portionen: 2

Nährwerte pro Portion: 610 kcal, 33 g Kohlenhydrate, 29 g Eiweiß, 33,5 g Fett

Zutaten:

2 Entenbrustfilets

150 ml Rotwein

4 EL Honig

2 EL Balsamico

eine Prise Salz

eine Prise Pfeffer

Zubereitung:

- Gib die Entenbrustfilets mit der Hautseite nach unten in einem ungelochten Behälter bei 100 °C für 20 Minuten in den Dampfgarer.

- Schütte anschließend die ausgetretene Flüssigkeit weg.

- Wende die Entenbrustfilets, bestreiche sie mit dem Honig, würze sie und gib den Rotwein und Balsamico dazu.

- Gib den Behälter nochmals für mindestens 20 Minuten bei 190 °C in den Dampfgarer, bis die gewünschte Bräune erreicht ist. Dazu passen grüne Bandnudeln und Rosenkohl.

Kalbssteak mit Süßkartoffeln und Möhren

Zubereitungszeit: 25 Minuten

Portionen: 2

Nährwerte pro Portion: 257 kcal, 19 g Kohlenhydrate, 25 g Eiweiß, 3,3 g Fett

Zutaten:

200 g Kalbssteak

100 g Knollensellerie

100 g Süßkartoffel

100 g Erbsen

100 g Möhren

125 ml Weißwein

125 ml Wasser

5 Wacholderbeeren

2 Lorbeerblätter

eine Prise Salz

eine Prise Pfeffer

Zubereitung:

- Gib das Fleisch für 12 Minuten bei 100 °C in den Dampfgarer.

- Schäle in der Zwischenzeit Knollensellerie, Süßkartoffeln und die Möhren.

- Schneide die Möhren in kleine Scheiben und den Knollensellerie und die Süßkartoffeln in Würfel. Gib die Süßkartoffeln und den Knollensellerie mit Weißwein, Wasser, Wacholderbeeren, Lorbeerblättern und den Gewürzen in einen ungelochten Garbehälter und gare alles bei 100 °C für 20 Minuten.

- Gib nach 10 Minuten die Erbsen und Möhren dazu.

- Das Fleisch zusammen mit dem Gemüse servieren, zuvor die Lorbeerblätter und die Wacholderbeeren entfernen.

Mediterrane Hühnerkeulen mit Gemüse

Zubereitungszeit: 45 Minuten

Portionen: 2

Nährwerte pro Portion: 805 kcal, 10,2 g Kohlenhydrate, 55 g Eiweiß, 56 g Fett

Zutaten:

4 Hähnchenkeulen

1 kleine Zucchini

1 roter Paprika

1 Zwiebel

2 EL Zitronensaft

2 EL Olivenöl

eine Prise Salz

eine Prise Pfeffer

eine Prise Thymian

eine Prise Chili

Zubereitung:

- Wasche das Fleisch und tupfe es trocken.

- Vermische Zitronensaft, Olivenöl und die Gewürze. Reibe das Fleisch mit der Gewürzmischung ein und gib es für 30 Minuten bei 100 °C in einem ungelochten Garbehälter in den Dampfgarer.

- Schneide das Gemüse in kleine Würfel und gib es für 15 Minuten zu dem Fleisch dazu.

- Serviere das Gemüse mit dem Fleisch.

Kartoffelgratin mit Austernpilzen

Zubereitungszeit: 30 Minuten

Portionen: 2

Nährwerte pro Portion: 503 kcal, 28 g Kohlenhydrate, 34 g Eiweiß, 27 g Fett

Zutaten:

300 g Kartoffeln

200 g Austernpilze

100 g Blattspinat

100 g roher Schinken

100 g Blauschimmelkäse

20 g Pinienkerne

20 g geriebener Parmesan

eine Prise Salz

eine Prise Pfeffer

Zubereitung:

- Schneide die gewaschenen Kartoffeln und die Pilze in feine Scheiben.

- Wasche den Spinat gründlich und lasse ihn abtropfen.

- Schneide den Schinken und den Blauschimmelkäse in kleine Würfel.

- Gib nun alle Zutaten in einen ungelochten Garbehälter. Schichte dabei die Kartoffeln, den Spinat und die Pilze übereinander und garniere alles mit Schinken, Blauschimmelkäse, Pinienkernen und Parmesan.

- Gib die Gewürze über das Gratin und gib es anschließend für 20 Minuten bei 100 °C in den Dampfgarer.

Farfalle mit Schinken

Zubereitungszeit: 25 Minuten

Portionen: 2

Nährwerte pro Portion: 481 kcal, 27 g Kohlenhydrate, 16 g Eiweiß, 32 g Fett

Zutaten:

200 g Farfalle

200 g gekochter Schinken

1 Becher Sahne

150 ml Wasser

2 EL gehackte Kräuter

eine Prise Salz

eine Prise Pfeffer

Zubereitung:

- Schneide den Schinken in Würfel und gib anschließend alle Zutaten in einen Garbehälter ohne Löcher.

- Gib den Garbehälter bei 100 °C für 20 Minuten in den Dampfgarer.

Putenfilet auf Gemüsebett

Zubereitungszeit: 20 Minuten

Portionen: 2

Nährwerte pro Portion: 214 kcal, 0 g Kohlenhydrate, 46 g Eiweiß, 3,4 g Fett

Zutaten:

2 Hähnchenbrustfilets a 200 g

1 Bund Suppengrün

1 EL Honig

3 EL Olivenöl

Saft einer Zitrone

1 Zweig Rosmarin

Salz

Pfeffer

Zubereitung:

- Die Hälfte des Zitronensafts mit dem Olivenöl und Honig verrühren. Rosmarinnadeln klein hacken, Salz und Pfeffer dazugeben.

- Möhren, Sellerie und Porree waschen, putzen und in Streifen schneiden.

- Das Gemüse für 3 - 4 Minuten bei 100 °C dampfgaren.

- Die Hähnchenfilets salzen, pfeffern und mit dem übrigen Zitronensaft beträufeln.

- Dann auf das Gemüse legen und 8 – 10 bei 100 °C Minuten fertig garen lassen.

Vegetarische Gerichte

Vegetarische Lasagne

Zubereitungszeit: 45 Minuten

Portionen: 2

Nährwerte pro Portion: 627 kcal, 17 g Kohlenhydrate, 47,2 g Eiweiß, 38,9 g Fett

Zutaten:

10 Lasagne-Platten

200 g Mozzarella

50 g Parmesan

2 Frühlingszwiebeln

1 Möhre

1 kleine Zucchini

1 EL Olivenöl

1 P. passierte Tomaten

eine Prise Salz

eine Prise Pfeffer

Zubereitung:

- Reinige die Zucchini, die Frühlingszwiebeln und die Möhre und schneide sie in kleine Würfel bzw. Ringe.

- Fette einen ungelochten Garbehälter mit Olivenöl ein und lege eine Schicht Lasagne-Platten hinein.

- Gieße 1/3 der passierten Tomaten darüber, 1/3 des Gemüses und die Hälfte des in Scheiben geschnittenen Mozzarellas.

- Fahre auf diese Weise fort, bis alle Zutaten aufgebraucht sind.

- Zum Schluss die Lasagne mit geriebenem Parmesan bestreuen und für 35 Minuten bei 100 °C in den Dampfgarer geben.

Grüner Spargel mit Parmesan

Zubereitungszeit: 20 Minuten

Portionen: 2

Nährwerte pro Portion: 148 kcal, 3,2 g Kohlenhydrate, 7,8 g Eiweiß, 9,2 g Fett

Zutaten:

200 g grüner Spargel

50 g gehobelter Parmesan

150 ml Soße Hollandaise

eine Prise Pfeffer

eine Prise Salz

Weißwein (optional)

Zubereitung:

- Schneide die harten Enden des Spargels ab und gib ihn für 5 Minuten bei 100 °C in einem ungelochten Garbehälter in den Dampfgarer.

- Serviere den Spargel mit dem Parmesan und der Soße Hollandaise.

- Verfeinere die Soße mit Salz, Pfeffer und wahlweise mit Weißwein.

Käse-Lauch-Polenta

Zubereitungszeit: 10 Minuten

Portionen: 4

Nährwerte pro Portion: 266 kcal, 30 g Kohlenhydrate, 50 g Eiweiß, 32 g Fett

Zutaten:

1 Lauchstange

150 g Polenta

4 Stiele Majoran

750 ml Gemüsebrühe

4 Stiele Petersilie

30 g Parmesan, gerieben

100 g Emmentaler, gerieben

2 EL Butter

Pfeffer

Salz

Zubereitung:

- Zunächst den Lauch waschen, putzen und in Ringe schneiden. Den Lauch in einen gelochten Garbehälter geben. Die Gemüsebrühe in einen ungelochten Garbehälter gießen und beides für 5 Minuten bei 100 °C in den Dampfgarer geben.

- Streue nun die Polenta unter Rühren in die Gemüsebrühe und lasse sie für 1 Minute ruhen. Kurz umrühren und erneut für 10 Minuten bei 100 °C in den Dampfgarer geben.

- Die fertige Polenta 5 Minuten zugedeckt ruhen lassen.

- Hacke den Majoran und die Petersilie klein. Teile die Polenta in zwei Schalen auf und rühre in die eine den Käse und in die andere den Lauch, die Kräuter und die Butter ein.

Zucchiniröllchen mit Schafskäse

Zubereitungszeit: 15 Minuten

Portionen: 2

Nährwerte pro Portion: 360 kcal, 3,7 g Kohlenhydrate, 11 g Eiweiß, 32,2 g Fett

Zutaten:

1 kleine Zucchini

1 Tomate

100 g Feta

1 EL Olivenöl

1 EL gehackter Basilikum

eine Prise Cayennepfeffer

eine Prise Salz

Zahnstocher

Zubereitung:

- Wasche das Gemüse und tupfe es ab.

- Schneide die Zucchini längs in dünne Scheiben und gib sie in einem gelochten Garbehälter bei 100 °C für 1 Minute in den Dampfgarer.

- Schneide den Feta in kleine Würfel und wickle sie mit den Zucchinischeiben ein. Fixiere sie falls nötig mit einem Zahnstocher und würze sie mit Pfeffer.

- Gib die Rollen für 3 Minuten bei 100 °C in einem gelochten Garbehälter in den Dampfgarer.

- Gib die Rollen auf einen großen Teller, würze sie, garniere sie mit dem Basilikum und Tomatenscheiben.

Romanesco mit Käsesoße

Zubereitungszeit: 20 Minuten

Portionen: 2

Nährwerte pro Portion: 278 kcal, 8 g Kohlenhydrate, 25 g Eiweiß, 17 g Fett

Zutaten:

1 Romanesco

125 ml Milch

50 g geriebener Gouda

50 g geriebener Parmesan

eine Prise Muskatnuss

eine Prise Salz

eine Prise Pfeffer

Zubereitung:

- Wasche den Romanesco und teile ihn in kleine Röschen.

- Gib ihn in einem ungelochten Garbehälter für 15 Minuten bei 100 °C in den Dampfgarer.

- Die Milch in einem Topf erhitzen, Gouda und Parmesan zugeben und verrühren, bis sich der Käse auflöst. Mit Pfeffer, Muskatnuss und Salz würzen.

- Den Romanesco mit der Käsesoße anrichten.

Nudeln mit Brokkoli und Gorgonzola

Zubereitungszeit: 15 Minuten

Portionen: 2

Nährwerte pro Portion: 266 kcal, 8 g Kohlenhydrate, 27 g Eiweiß, 11 g Fett

Zutaten:

200 g Brokkoli

200 g Nudeln

100 ml Sahne

100 g Gorgonzola

50 g Parmesan

eine Prise Salz

eine Prise Pfeffer

Zubereitung:

- Gare die Pasta nach Packungsbeilage.

- Teile den Brokkoli in kleine Röschen und gib ihn für 15 Minuten bei 100 °C in den Dampfgarer.

- Erhitze die Sahne in einem Topf und gib den zerbröselten Gorgonzola hinzu.

- Würze das Ganze mit Salz und Pfeffer.

- Mische nun Nudeln, Brokkoli und die Soße zusammen und garniere alles mit

  Parmesan.

Gemüserisotto

Zubereitungszeit: 35 Minuten

Portionen: 2

Nährwerte pro Portion: 287 kcal, 50 g Kohlenhydrate, 8,1 g Eiweiß, 5,4 g Fett

Zutaten:

200 ml Gemüsebrühe

100 g Risotto Reis

2 Möhren

2 Tomaten

1 roter Paprika

1 Zwiebel

1 EL Butter

eine Prise Muskat

eine Prise Pfeffer

Zubereitung:

- Schäle die Zwiebel und hacke sie klein.

- Wasche und trockne das Gemüse. Schneide es anschließend in mundgerechte Stücke.

- Gib nun den Risottoreis mit der Brühe und den Gewürzen in einem ungelochten Garbehälter für 30 Minuten bei 100 °C in den Dampfgarer. Rühre von Zeit zu Zeit um.

- Füge 10 Minuten vor Ablauf der Zeit das Gemüse zu dem Risottoreis hinzu.

Kartoffelknödel

Zubereitungszeit: 40 Minuten

Portionen: 2

Nährwerte pro Portion: 373 kcal, 60,5 g Kohlenhydrate, 6,3 g Eiweiß, 10,6 g Fett

Zutaten:

300 g Kartoffeln

40 g Kartoffelstärke

1 Ei

1 EL Butter

eine Prise Muskat

eine Prise Pfeffer

eine Prise Salz

Zubereitung:

- Wasche die Kartoffeln, schäle sie und gare sie bei 100 °C für 20 Minuten in einem gelochten Garbehälter.

- Vermische die gegarten Kartoffeln mit den restlichen Zutaten und forme aus der Masse 4 Knödel.

- Gib die Knödel für 15 Minuten bei 100 °C in einem gelochten Garbehälter in den Dampfgarer.

Gefüllte Champignons

Zubereitungszeit: 20 Minuten

Portionen: 2

Nährwerte pro Portion: 589 kcal, 8,1 g Kohlenhydrate, 35 g Eiweiß, 45 g Fett

Zutaten:

500 g Champignons

200 g geriebener Käse

200 ml Schmand

1 Frühlingszwiebel

1 EL gehackte Petersilie

eine Prise Salz

eine Prise Pfeffer

Zubereitung:

- Reinige die Pilze und entferne die Stiele.

- Hacke die Frühlingszwiebel klein und vermische sie mit den restlichen Zutaten.

- Befülle die Pilze mit der Mischung.

- Gib die gefüllten Pilze bei 100 °C in einem gelochten Garbehälter für 15 Minuten in den Dampfgarer.

Gefüllte Tomaten

Zubereitungszeit: 15 Minuten

Portionen: 2

Nährwerte pro Portion: 81 kcal, 3,1 g Kohlenhydrate, 5,4 g Eiweiß, 4,9 g Fett

Zutaten:

4 Tomaten

50 g Feta

1 EL gehacktes Basilikum

1 kleine Knoblauchzehe

eine Prise Salz

eine Prise Pfeffer

Zubereitung:

- Wasche die Tomaten und schneide sie in Hälften. Entferne die Kerne aus den Tomaten.

- Schäle und hacke den Knoblauch und vermische ihn mit den restlichen Zutaten zu einer Paste, mit der du die Tomaten befüllst.

- Gib die Tomaten in einem gelochten Garbehälter bei 80 °C für 10 Minuten in den Dampfgarer.

Risotto mit Mais und Zucchini

Zubereitungszeit: 45 Minuten

Portionen: 2

Nährwerte pro Portion: 458 kcal, 67 g Kohlenhydrate, 12 g Eiweiß, 14 g Fett

Zutaten:

150 g Risottoreis

200 ml Wasser

200 ml Gemüsebrühe

100 g Zucchini

100 g Mais

1 kleine Zwiebel

50 g Kürbiskerne

1 EL gehackte Petersilie

Zubereitung:

- Gib den Reis mit dem Wasser und der Gemüsebrühe bei 100 °C in einem ungelochten Garbehälter für 30 Minuten in den Dampfgarer.

- Wasche die Zucchini und hoble sie in feine Streifen.

- Schäle die Zwiebel und schneide sie in feine Würfel.

- Gib den Mais, die Zwiebel und die Zucchini die letzten 10 Minuten der Garzeit mit in den Behälter.

- Garniere das fertige Risotto mit Kürbiskernen und Petersilie.

Risotto mit Steinpilzen

Zubereitungszeit: 35 Minuten

Portionen: 2

Nährwerte pro Portion: 500 kcal, 71 g Kohlenhydrate, 17 g Eiweiß, 8 g Fett

Zutaten:

175 g Risottoreis

150 ml Weißwein

150 ml Gemüsebrühe

150 g Steinpilze

50 g geriebener Parmesan

1 Knoblauchzehe

1 EL gehackte Petersilie

eine Prise Salz

eine Prise Pfeffer

Zubereitung:

- Gib den Risottoreis zusammen mit der Brühe und dem Weißwein in einem ungelochten Behälter bei 100 °C für 15 Minuten in den Dampfgarer.

- Hacke den Knoblauch fein, reinige die Pilze und schneide sie in feine Scheiben.

- Gib nach der Garzeit die Pilze und den Knoblauch in den Garbehälter und gib das Risotto für weitere 15 Minuten bei 100 °C in den Dampfgarer.

- Garniere das Pilzrisotto mit Parmesan und Petersilie.

Gemüsenudeln mit Mozzarella

Zubereitungszeit: 15 Minuten

Portionen: 2

Nährwerte pro Portion: 232 kcal, 4 g Kohlenhydrate, 21,5 g Eiweiß, 13 g Fett

Zutaten:

5 Möhren

1 kleine Zucchini

100 ml Gemüsebrühe

100 g geriebener Mozzarella

50 g geriebener Parmesan

1 EL gehackte Petersilie

eine Prise Salz

eine Prise Pfeffer

Zubereitung:

- Schneide die Möhren und die Zucchini mit dem Spiralschneider in feine Nudeln.

- Gib die Nudeln mit der Gemüsebrühe, der Petersilie und den Gewürzen für 5 - 10 Minuten (je nach Dicke der Nudeln) bei 100 °C in einem ungelochten Garbehälter in den Dampfgarer.

- Garniere die Nudeln vor dem Servieren mit dem Käse.

Lasagne mit Spinat und Schafskäse

Zubereitungszeit: 1 Stunde

Portionen: 2

Nährwerte pro Portion: 77 kcal, 4 g Kohlenhydrate, 7 g Eiweiß, 3,5 g Fett

Zutaten:

500 g Blattspinat

2 Tomaten, gewürfelt

1 Zwiebel, gewürfelt

1 Ei

1 Knoblauchzehe, gehackt

175 ml Sahne

150 g Feta

10 Lasagne-Platten

1 TL Olivenöl

eine Prise Salz

eine Prise Pfeffer

Zubereitung:

- Vermische den Blattspinat mit dem gehackten Knoblauch, der Sahne, dem Ei, der Hälfte des Fetas, der gewürfelten Zwiebel, der Tomaten und den Gewürzen.

- Fette einen ungelochten Garbehälter mit dem Olivenöl ein und schichte abwechselnd Lasagne-Platten und Spinatmasse, bis die Zutaten aufgebraucht sind.

- Gib den Rest des Schafskäses in feinen Scheiben oder Bröseln auf die Lasagne und gib sie bei 100 °C für 45 Minuten in den Dampfgarer.

Kartoffeln mit Mangold

Zubereitungszeit: 35 Minuten

Portionen: 2

Nährwerte pro Portion: 234 kcal, 20 g Kohlenhydrate, 10 g Eiweiß, 11,8 g Fett

Zutaten:

200 g Kartoffeln

200 g Mangold

200 ml Gemüsebrühe

50 g Feta

1 EL Olivenöl

eine Prise Pfeffer

Zubereitung:

- Schäle die Kartoffeln und schneide sie in Achtel.

- Gib die Kartoffeln mit der Hälfte der Gemüsebrühe in einem ungelochten Garbehälter für 10 Minuten bei 100 °C in den Dampfgarer.

- Säubere und schneide den Mangold, gib ihn anschließend mit der restlichen Brühe und dem Olivenöl für 5 Minuten bei 100 °C in einem ungelochten Garbehälter in den Dampfgarer.

- Vermische die Kartoffeln mit dem Feta und den Gewürzen zu einer homogenen Masse und serviere sie mit dem Mangold.

Sommerrollen mit Gemüse

Zubereitungszeit: 40 Minuten

Portionen: 2

Nährwerte pro Portion: 43 kcal, 8,7 g Kohlenhydrate, 1,2 g Eiweiß, 1 g Fett

Zutaten:

6 Blätter Reispapier

30 g Reisnudeln

2 Möhren

2 Frühlingszwiebeln

25 g Sojasprossen

1 EL gehackter Thai-Basilikum

1 TL Chilisoße

Zubereitung:

- Schäle die Möhren und rasple sie.

- Schneide die Frühlingszwiebeln in feine Ringe.

- Wasche die Sprossen und lasse sie abtropfen.

- Übergieße die Reisnudeln mit kochendem Wasser und lasse sie 5 Minuten ziehen.

- Lege das Reispapier für 2 Minuten zwischen zwei feuchte Küchentücher.

- Vermische das Gemüse, das Thai-Basilikum und die Chilisoße.

- Verteile die Mischung gleichmäßig auf die Reispapiere auf.

- Rolle das Reispapier und klappe es oben fest zu. Gib die Rollen für 5 Minuten in einem gelochten Gareinsatz bei 100 °C in den Dampfgarer.

- Serviere die Reisnudeln mit den Gemüserollen.

Gemüse mit Mango-Dip

Zubereitungszeit: 50 Minuten

Portionen: 2

Nährwerte pro Portion: 96 kcal, 17,9 g Kohlenhydrate, 4,2 g Eiweiß, 1 g Fett

Zutaten:

150 g griechischer Joghurt

8 Kartoffeln

2 Möhren

½ Mango

1 EL gehackte Minze

1 TL Honig

1 TL Olivenöl

1 TL Zitronensaft

eine Prise Kardamom

eine Prise Chilipulver

eine Prise Salz

eine Prise Pfeffer

Zubereitung:

- Schäle die Möhren und die Kartoffeln und schneide sie in mundgerechte Stücke.

- Vermische den Honig mit den Gewürzen und dem Öl.

- Mariniere das Gemüse mit der Gewürzpaste und gib es in einem ungelochten Garbehälter für 20 Minuten bei 100 °C in den Dampfgarer.

- Gib den Joghurt, die Minze und das Fleisch der Mango in einen Hochleistungsmixer und püriere alles zu einer sämigen Masse.

- Serviere das Gemüse mit dem Mango-Dip.

Couscous mit Gemüse

Zubereitungszeit: 40 Minuten

Portionen: 2

Nährwerte pro Portion: 176 kcal, 22 g Kohlenhydrate, 6 g Eiweiß, 4 g Fett

Zutaten:

150 g Karotten

300 g Couscous

200 g Zucchini

150 g Kohlrabi

2 Paprika

3 EL Sojasoße

Salz

Pfeffer

Petersilie, gehackt

Zubereitung:

- Die Paprika waschen, putzen und in kleine Stücke schneiden, dabei das Kerngehäuse entfernen. Den Kohlrabi waschen und klein schneiden. Die Karotten und Zucchini schälen und in dünne Scheiben schneiden.

- Nun den Couscous mit Wasser und etwas Salz und Pfeffer in einen Reisbehälter geben und für 10 Minuten dämpfen.

- Das Gemüse mit der Sojasoße verrühren und ebenfalls für 10 Minuten in den Dampfgarer geben.

- Nach Ende der 10 Minuten Gemüse und Couscous vermischen, mit Salz und Pfeffer abschmecken, mit der Petersilie bestreuen und servieren.

Spitzkohl-Reis-Bällchen

Zubereitungszeit: 35 Minuten

Portionen: 2

Nährwerte pro Portion: 139 kcal, 13 g Kohlenhydrate, 10 g Eiweiß, 6,1 g Fett

Zutaten:

4 große Blätter Spitzkohl

100 g Reis

100 ml Wasser

25 g gehackte Mandeln

eine Prise Salz

eine Prise Pfeffer

Zahnstocher

Zubereitung:

- Gib den Reis mit dem Wasser und einer Prise Salz für 20 Minuten in einem ungelochten Garbehälter bei 100 °C in den Dampfgarer.

- Gib die gesäuberten Spitzkohlblätter in einem gelochten Garbehälter für 2 Minuten bei 100 °C in den Dampfgarer.

- Mische den Reis mit dem Pfeffer und den Mandeln und verteile die Mischung gleichmäßig auf die Spitzkohlblätter.

- Rolle die Spitzkohlblätter zu kleinen Paketen und fixiere sie gegebenenfalls mit kleinen Zahnstochern.

- Gib die Wirsingpakete für 5 Minuten bei 100 °C in einem gelochten Garbehälter in den Dampfgarer.

Gemüse

Würzige Kartoffeln

Zubereitungszeit: 45 Minuten

Portionen: 2

Nährwerte pro Portion: 194 kcal, 17 g Kohlenhydrate, 2,1 g Eiweiß, 8,2g Fett

Zutaten:

300 g Kartoffeln

2 EL Butter

1 EL gehackte Petersilie

1 EL gehackter Thymian

eine Prise Salz

eine Prise Pfeffer

Zubereitung:

- Wasche die Kartoffeln und trockne sie gut ab.

- Gib die Kartoffeln mit der Hälfte der Kräuter für 25 Minuten bei 100 °C in einem gelochten Garbehälter in den Dampfgarer.

- Vermische in der Zwischenzeit die restlichen Zutaten zu einer Kräuterbutter.

- Schneide die Kartoffeln nach dem Garen ein und gib die Kräuterbutter auf die Kartoffeln.

Spargel mit Erdbeeren

Zubereitungszeit: 25 Minuten

Portionen: 2

Nährwerte pro Portion: 172 kcal, 4,7 g Kohlenhydrate, 2,3 g Eiweiß, 15,3 g Fett

Zutaten:

200 g weißer Spargel

100 g Erdbeeren

1 kleine Frühlingszwiebel

1 EL Olivenöl

1 TL Essig

eine Prise Salz

eine Prise Pfeffer

Zubereitung:

- Schäle den Spargel und schneide die harten Enden ab. Gib ihn bei 100 °C in einem gelochten Garbehälter für 15 Minuten in den Dampfgarer.

- Wasche die Erdbeeren, entferne den Strunk und schneide sie klein.

- Schneide die Frühlingszwiebel in feine Ringe.

- Vermische das Olivenöl, den Essig und die Gewürze.

- Gib den Spargel mit den Erdbeeren und den Frühlingszwiebeln auf zwei Teller und garniere alles mit dem Dressing.

Ratatouille

Zubereitungszeit: 25 Minuten

Portionen: 2

Nährwerte pro Portion: 175 kcal, 24 g Kohlenhydrate, 7,6 g Eiweiß, 1,2 g Fett

Zutaten:

200 g Tomaten

1 kleine Aubergine

1 kleine Zucchini

1 gelber Paprika

1 Knoblauchzehe

1 Zwiebel

3 EL Tomatenmark

1 TL Tabasco

eine Prise Salz

eine Prise Pfeffer

Zubereitung:

- Schäle und hacke den Knoblauch und die Zwiebel in kleine Stücke.

- Wasche und trockne Paprika, Aubergine, Tomaten und die Zucchini. Schneide sie anschließend in mundgerechte Stücke.

- Mische das Gemüse mit den restlichen Zutaten in einer großen Schüssel gut durch und gib die Mischung anschließend für 15 Minuten bei 100 °C in einem gelochten Garbehälter in den Dampfgarer.

Süßkartoffeln mit Dip

Zubereitungszeit: 55 Minuten

Portionen: 2

Nährwerte pro Portion: 559 kcal, 62 g Kohlenhydrate, 7 g Eiweiß, 26 g Fett

Zutaten:

500 g Süßkartoffeln

200 ml Schmand

1 EL Olivenöl

1 Knoblauchzehe, gepresst

2 EL gehackte Kräuter, gemischt

eine Prise Salz

eine Prise Pfeffer

Zubereitung:

- Schäle die Kartoffeln und schneide sie in Spalten.

- Bestreiche einen Gareinsatz mit dem Olivenöl und gib die Kartoffeln hinein.

- Gare die Kartoffeln bei 100 °C für mindestens 35 Minuten im Dampfgarer.

- Vermische den Schmand mit dem gepressten Knoblauch, den Kräutern und Gewürzen.

- Serviere die Kartoffelspalten mit dem Dip.

Kürbis überbacken

Zubereitungszeit: 35 Minuten

Portionen: 2

Nährwerte pro Portion: 664 kcal, 83 g Kohlenhydrate, 7 g Eiweiß, 20 g Fett

Zutaten:

50 g Gorgonzola

50 g Mascarpone

2 Hokkaidokürbisse, klein

½ EL Kürbiskerne

½ EL Gewürze nach Wahl

Zubereitung:

- Die Kürbisse halbieren, die Kerne herauslöffeln und anschließend für 10 Minuten dampfgaren.

- Den Gorgonzola zerbröseln und mit dem Mascarpone und den Gewürzen vermischen.

- Die cremige Käsemischung über den Kürbissen verteilen und diese für 10 Minuten bei 200 °C dampfgaren lassen.

- Zum Schluss nach Belieben mit Kürbiskernen und Kräutern dekorieren.

Maiskolben

Zubereitungszeit: 20 Minuten

Portionen: 2

Nährwerte pro Portion: 178 kcal, 32 g Kohlenhydrate, 6 g Eiweiß, 2 g Fett

Zutaten:

2 Maiskolben

1 EL Olivenöl

eine Prise Currypulver

eine Prise Salz

eine Prise Pfeffer

Zubereitung:

- Mische das Olivenöl mit den Gewürzen und bestreiche die Maiskolben damit.

- Gib die Maiskolben in einem gelochten Garbehälter bei 100 °C für 15 Minuten in den Dampfgarer.

Brokkoli-Gemüse mit Cashewkern-Dressing

Zubereitungszeit: 25 Minuten

Portionen: 2

Nährwerte pro Portion: 475 kcal, 39 g Kohlenhydrate, 6 g Eiweiß, 24 g Fett

Zutaten:

1 Zwiebel

600 g Brokkoli

30 g getrocknete Cranberrys

25 g Koriander

2 EL Cashewkerne

2 EL Sonnenblumenkerne

Zutaten Dressing:

6 EL Wasser

110 g Cashewkerne

4 TL Currypulver

1 EL Apfelessig

2 TL Agavendicksaft

Salz und Pfeffer

Zubereitung:

- Bedecke für das Dressing die Cashewkerne mit Wasser und lasse sie über Nacht stehen. Gib am nächsten Tag alle Zutaten für das Dressing in einen Mixer und püriere sie zu einer cremigen Masse.

- Wasche und putze den Brokkoli und schneide ihn in Röschen. Gib ihn anschließend für 15 - 20 Minuten in den Dampfgarer.

- Schneide die Zwiebel in kleine Würfel. Wasche den Koriander und hacke ihn fein.

- Mische den Brokkoli mit der Zwiebel, dem Koriander, dem Dressing und den Cranberrys zusammen und lasse alles für ca. 60 Minuten ziehen.

- Garniere das Gemüse zum Schluss mit den restlichen Cashew- und Sonnenblumenkernen.

Bohnengemüse

Zubereitungszeit: 25 Minuten

Portionen: 2

Nährwerte pro Portion: 259 kcal, 7 g Kohlenhydrate, 4 g Eiweiß, 24 g Fett

Zutaten:

200 g grüne Bohnen

1 Tomate

1 kleine Zwiebel

100 ml Gemüsebrühe

50 ml Sahne

1 kleine Zwiebel

1 EL gehackte Petersilie

1 EL Olivenöl

eine Prise Pfeffer

Zubereitung:

- Wasche die Bohnen und schneide die harten Enden ab.
- Wasche die Tomate ebenfalls und schneide sie in feine Scheiben.
- Schäle die Zwiebel und hacke sie fein.
- Gib nun alle Zutaten in einem ungelochten Garbehälter bei 100 °C für 20 Minuten in den Dampfgarer.

Würziger Blumenkohl mit Tomaten

Zubereitungszeit: 30 Minuten

Portionen: 2

Nährwerte pro Portion: 128 kcal, 8 g Kohlenhydrate, 4,5 g Eiweiß, 8 g Fett

Zutaten:

2 Tomaten

1 Blumenkohl

1 kleine Zwiebel

2 EL Tomatenmark

1 EL Olivenöl

½ TL Curry

½ TL Chilipulver

eine Prise Salz

eine Prise Pfeffer

Zubereitung:

- Wasche die Tomaten und den Blumenkohl, teile den Blumenkohl in kleine Röschen und viertel die Tomaten.

- Schäle die Zwiebel und hacke sie fein.

- Mische die Zwiebel mit dem Öl, dem Tomatenmark und den Gewürzen.

- Streiche den Blumenkohl mit der Gewürzmischung ein und gib ihn mit den Tomaten in einem ungelochten Garbehälter bei 100 °C für 20 Minuten in den Dampfgarer.

Artischocken mit Knoblauch

Zubereitungszeit: 45 Minuten

Portionen: 2

Nährwerte pro Portion: 363 kcal, 8 g Kohlenhydrate, 2,5 g Eiweiß, 15 g Fett

Zutaten:

2 Artischocken

1 Knoblauchzehe

2 EL Olivenöl

eine Prise Paprikapulver

eine Prise Salz

eine Prise Pfeffer

Zubereitung:

- Schneide die Artischocken am Boden glatt und kürze die Blätter um ein Drittel.

- Schäle und presse den Knoblauch. Vermische ihn anschließend mit dem Olivenöl und den Gewürzen.

- Bestreiche mit der Paste die Artischocken und gib sie anschließend in einem gelochten Garbehälter bei 100 °C für 40 Minuten in den Dampfgarer.

Süßspeisen

Bananen mit Zimt und Zucker

Zubereitungszeit: 20 Minuten

Portionen: 2

Nährwerte pro Portion: 444 kcal, 87 g Kohlenhydrate, 8,5 g Eiweiß, 5 g Fett

Zutaten:

50 g Paniermehl

5 g Speisestärke

4 Bananen, halbiert

2 Eier

2 EL Butter

2 EL Rohrzucker

1 TL Zimt

Zubereitung:

- Erhitze zunächst die Butter in einer Pfanne und gib das Paniermehl hinzu.

- Mische das Ei dazu und wälze die geschälten und halbierten Bananen in der Mischung.

- Bestreue die Bananen anschließend mit Zimt und Zucker und gib sie für mindestens 15 Minuten bei 100 °C in den Dampfgarer.

Donuts

Zubereitungszeit: 60 Minuten

Portionen: 4

Nährwerte pro Portion: 481 kcal, 65 g Kohlenhydrate, 3,5 g Eiweiß, 11,5 g Fett

Zutaten:

200 g Dinkelvollkornmehl

100 g Milch

100 g Puderzucker

20 g Rohrzucker

5 EL Butter

1 EL Schlagsahne

1 Ei

1 TL Backpulver

Lebensmittelfarbe nach Belieben

Zubereitung:

- Vermische zunächst das Ei mit der Milch und der 2 EL Butter.

- Mische dann 2 EL Butter, den Rohrzucker und das Mehl in einer Schüssel.

- Mische anschließend die beiden Massen und forme Donuts daraus.

- Gib die Donuts auf eine gefettete Backform und lasse sie zugedeckt für 30 Minuten gehen.

- Anschließend für mindestens 25 Minuten bei 100 °C in den Dampfgarer geben.

- Mische nun die restliche Butter mit dem Puderzucker und füge anschließend die Lebensmittelfarbe und die Schlagsahne dazu. Kräftig durchmischen.

- Glasiere die fertigen Donuts mit der bunten Glasur.

Gedämpfter Kaiserschmarren

Zubereitungszeit: 25 Minuten

Portionen: 2

Nährwerte pro Portion: 245 kcal, 21 g Kohlenhydrate, 13,2 g Eiweiß, 11,3 g Fett

Zutaten:

20 g Dinkelvollkornmehl

15 EL Naturjoghurt

2 Eier

2 EL brauner Rohrzucker

2 TL Backpulver

Meersalz

Puderzucker nach Belieben

Apfelmus nach Belieben

Zubereitung:

- Alle Zutaten, bis auf den Puderzucker und Apfelmus in einer großen Schüssel zu einer gleichmäßigen Masse verrühren.

- Den Teig in einen Gareinsatz ohne Löcher geben.

- Bei 100 °C für ungefähr 20 Minuten garen.

- Mit einer Gabel die Stichfestigkeit überprüfen und gegebenenfalls noch einige Minuten länger garen lassen.

- Den gedämpften Kaiserschmarren auf zwei Teller verteilen und nach Belieben mit Puderzucker und Apfelmus verfeinern.

Schokosoufflé

Zubereitungszeit: 60 Minuten

Portionen: 4

Nährwerte pro Portion: 482 kcal, 32,5 g Kohlenhydrate, 6,8 g Eiweiß, 24,5 g Fett

Zutaten:

100 g Zartbitterschokolade

100 g Zartbitterkuvertüre

100 g Rohrzucker

30 g Butter

3 Eier

1 EL Milch

1 EL Rapsöl

4 hitzebeständige Förmchen

Zubereitung:

- Gib die Zartbitterkuvertüre in eine hitzebeständige Schüssel, bedecke diese mit Alufolie und lasse sie bei 100 °C im Dampfgarer schmelzen.

- Zerlasse in der Zwischenzeit die Butter und gib sie anschließend zu der gänzlich geschmolzenen Schokolade. Mische die Butter mit der Schokolade und stelle die Mischung beiseite.

- Schlage die Eidotter schaumig und füge den Zucker dazu.

- Schlage danach das Eiweiß zu Eischnee und gib ihn mit der Milch, der Stärke und dem Eidotter-Mix in die Butter-Schokoladen-Mischung.

- Die 4 hitzebeständigen Förmchen mit Butter einfetten und mit Zucker bestreuen. Gib anschließend den Teig hinein und stelle die Förmchen für mindestens 30 Minuten bei 100 °C in den Dampfgarer, bis sich das Volumen verdoppelt hat.

- Gib in der Zwischenzeit die Schokolade mit dem Rapsöl in eine hitzebeständige Schüssel, decke diese mit Frischhaltefolie ab und lasse sie im Dampfgarer schmelzen.

- Stürze das fertige abgekühlte Soufflé auf Teller und übergieße es mit der Schokoladensoße.

Milchreis mit Zimt und Zitrone

Zubereitungszeit: 30 Minuten

Portionen: 2

Nährwerte pro Portion: 421,5 kcal, 72,5 g Kohlenhydrate, 12,5 g Eiweiß, 7,7 g Fett

Zutaten:

400 ml Milch

150 g Milchreis

3 EL Rohrzucker

½ TL geriebene Zitronenschale

½ TL Zimt

Mark einer Vanilleschote

Früchte nach Belieben

Zubereitung:

- Mische alle Zutaten in einer Schüssel und gib das Gemisch für ungefähr 25 Minuten bei 100 °C in den Dampfgarer.

- Den fertigen Milchreis kannst du nach Belieben mit Früchten garnieren.

Zwetschkenknödel

Zubereitungszeit: 45 Minuten

Portionen: 2

Nährwerte pro Portion: 906 kcal, 121 g Kohlenhydrate, 16,5 g Eiweiß, 31,2 g Fett

Zutaten:

500 g Kartoffeln

100 g Paniermehl

100 g Zwetschken

100 g Dinkelvollkornmehl

65 g Butter

25 g Hartweizengrieß

eine Prise Zucker

1 Ei

eine Prise Meersalz

Zubereitung:

- Schäle die Kartoffeln und koche sie, bis sie weich sind.

- Wasche die Zwetschken, halbiere und entkerne sie.

- Zerstampfe die Kartoffeln oder gib sie durch eine Kartoffel-presse. Vermische sie mit 15 g Butter, dem Ei, dem Salz, dem Mehl und dem Grieß zu einem Teig.

- Forme aus dem Teig gleichgroße Kugeln, in die du die Zwetschken hineindrückst. Die Zwetschken müssen vom Teig umschlossen sein.

- Gib die fertigen Knödel auf ein mit Butter eingefettetes Loch-blech und lasse sie ungefähr 20 Minuten bei 100 °C garen.

- Gib in der Zwischenzeit das Paniermehl mit der restlichen Butter in eine Pfanne und bräune es leicht.

- Wälze anschließend die fertigen Knödel in den Bröseln und bestreue sie mit Zucker.

Schokoladen-Muffins

Zubereitungszeit: 35 Minuten

Portionen: 10

Nährwerte pro Portion: 269 kcal, 34,4 g Kohlenhydrate, 2,5 g Ei-weiß, 12,7 g Fett

Zutaten:

200 g Dinkelvollkornmehl

200 g Rohrzucker

100 g Butter

30 g Schokolade

20 ml Milch

10 g Kakaopulver

2 Eier

das Mark einer Vanilleschote

Meersalz

Muffin-Formen

Zubereitung:

- Vermische alle Zutaten in einer großen Schüssel.

- Teile den Teig auf deine Förmchen auf und gib diese für 20 Minuten bei 100 °C in den Dampfgarer.

Nussnudeln

Zubereitungszeit: 60 Minuten

Portionen: 2

Nährwerte pro Portion: 587 kcal, 61 g Kohlenhydrate, 16.5 g Eiweiß, 34 g Fett

Zutaten:

380 g Kartoffeln

2 Eier

90 g Walnüsse

4 EL Vollkornmehl

eine Prise Salz

2 EL Puderzucker

Zubereitung:

- Die Kartoffeln im Ganzen für 25 Minuten bei 100 °C dampfgaren.

- Anschließend die Schalen abziehen und die Kartoffeln in der Kartoffelpresse zerdrücken.

- Nun das Mehl mit den Eiern zu der Kartoffelmasse geben, etwas salzen und zu einem nicht ganz festen Teig kneten. Zunächst den Teig zu einer Rolle formen und dann kleine Scheiben abschneiden. Die Scheiben jeweils zu 1 cm dicken Nudeln rollen.

- Die Nudeln in einen gelochten Garbehälter geben und für 20 Minuten bei 100 °C dampfgaren.

- Walnüsse und Zucker vermischen und die fertigen Nudeln in dem Gemisch so lange wenden, bis jede Nudel komplett bedeckt ist.

Apfel-Kiwi-Mus

Zubereitungszeit: 25 Minuten

Portionen: 2

Nährwerte pro Portion: 217 kcal, 44 g Kohlenhydrate, 4 g Eiweiß, 2 g Fett

Zutaten:

4 Kiwis

2 Äpfel

1 EL brauner Zucker

Zubereitung:

- Äpfel schälen, entkernen und in gröbere Stücke schneiden. Die Kiwis schälen und halbieren.

- Äpfel und Kiwis für 7 Minuten bei 100 °C in den Dampfgarer geben. Anschließend in eine Schüssel füllen, den Zucker hinzufügen und alles zu Mus pürieren.

Low-Carb-Rezepte (zum Abnehmen)

Filet vom Lachs mit Spargel

Zubereitungszeit: 45 Minuten

2 Portionen

Zutaten:

2 Lachsfilets

Saft einer halben Zitrone

Kresse

700 g Spargel

etwas Salz

Pfeffer

Zucker

Zubereitung:

- Den Spargel waschen, im unteren Teil schälen und die holzigen Enden abschneiden.

- Danach die Spargelstangen in einen gelochten Garbehälter geben und mit etwas Salz und Zucker würzen. Bei 100 °C ca. 12 Minuten garen.

- Die gewürzten Filets mit einem Spritzer Zitronensaft benetzen, auf der Garplatte für ca. 15 Minuten bei 100 °C garen.

- Zum Schluss mit Kresse garnieren.

Schollenfilet auf einem Gemüsebett

Zubereitungszeit: 30 Minuten

2 Portionen

Zutaten:

2 Filets von der Scholle

200 g TK-Gemüse

150 g Cocktailtomaten, geviertelt

1 EL Butter

4 EL Joghurt

1 EL Sesamkörner

1 TL Senf

1 TL Honig

Zubereitung:

- Das TK-Gemüse in einen ungelochten Behälter geben und bei 65 °C 20 Minuten auftauen lassen.

- Das gewürzte Schollenfilet ebenfalls in einen ungelochten Garbehälter geben.

- Die Sesamkörner in zerlassener Butter kurz anrösten und zur Seite stellen.

- Den Joghurt mit Honig, Senf, Salz, Pfeffer vermengen und die Sesamkörner zufügen.

- Am Ende Gemüse, Tomaten und den Fisch im Dampfgarer bei 85 °C weitere 8 Minuten lang fertig garen.

Spiegelei auf einem Gemüsebett

Zubereitungszeit: 25 Minuten

2 Portionen

Zutaten:

250 g Blumenkohl, in kleine Röschen zerteilt

150 g Karotten, in Stifte gehobelt

1 Kohlrabi, in Stifte gehobelt

150 g Staudensellerie, in Ringe geschnitten

6 kleine Maiskolben, halbiert

100 g Rosenkohl, geputzt

1 Bund Petersilie, gehackt

3 EL Butter

2 Eier

Salz

Pfeffer

Zubereitung:

- Das Gemüse in einem gelochten Dampfbehälter verteilen, salzen und pfeffern.

- Für 20 Minuten bei 100 °C garen.

- Das gegarte Gemüse in zerlassener Butter schwenken und ca. weitere 5 Minuten bei minimaler Hitze dünsten.

- Die Spiegeleier braten, salzen und pfeffern.

- Petersilie über das Gemüse geben.

Tagliatelle von der Schwarzwurzel mit Maronen und Räuchertofu

Zubereitungszeit: 30 Minuten

Portionen: 2

Nährwerte pro Portion: 219 kcal, 5,8 g Eiweiß, 2,7 g KH, 19,7 g Fett pro 100 g

Zutaten:

600 g Schwarzwurzeln, gewaschen und geschält

100 g Räuchertofu, in Stifte geschnitten

100 g Maronen, gekocht, geschält, gehackt

200 ml Sahne

30 ml Nussöl

50 ml Weißwein

½ Knoblauchzehe, gehackt

2 Frühlingszwiebeln, in Ringe geschnitten

100 g Parmesan, gerieben

100 ml Weißweinessig

Salz

Pfeffer

Zubereitung:

- Die Schwarzwurzeln mit dem Sparschäler in lange Streifen hobeln, mit der Hälfte des Nussöls, Weißwein, Salz und Pfeffer vermengen.

- Gemüse-Tagliatelle auf ein tiefes Garblech legen und für 10 Minuten bei 95 °C dämpfen.

- Die Frühlingszwiebeln im Öl kurz anrösten, die übrigen Zutaten beigeben, würzen und Parmesan drüberstreuen.

Saftige Hähnchenkeulen

Zubereitungszeit: 15 Minuten

Portionen: 2

Nährwerte pro Portion: 350 kcal, 20g Eiweiß, 1,7 g KH, 30,3 g Fett pro 100 g

Zutaten:

4 Hähnchenkeulen

8 Scheiben Zitrone

8 Thymianzweige

8 Rosmarinzweige

8 EL Olivenöl

Zubereitung:

- Die gewaschenen Hähnchenkeulen nochmals halbieren. Jedes Teil in einen Vakuumbeutel mit je 1 Zweig Thymian, Rosmarin und einer dicke Zitronenscheibe legen. Die Beutel verschließen, für 8 Stunden kühl lagern.

- Dann für 3 Stunden bei 80 °C garen, anschließend in einer heißen Pfanne mit Öl kross braten.

Hähnchenbrust auf Streifen von Gemüse

Zubereitungszeit: 30 Minuten

Portionen: 2

Nährwerte pro Portion: 411 kcal, 48 g Eiweiß, 14 g KH, 16 g Fett

Zutaten:

2 Hähnchenbrustfilets à 200 g

1 Bund Suppengemüse, gewaschen und in Streifen geschnitten

Saft einer Zitrone

45 ml Olivenöl

15 ml Honig

1 Zweig Rosmarin, gehackt

Salz

Pfeffer

Zubereitung:

- Honig, Öl, Rosmarin mit der Hälfte vom Zitronensaft, Salz und Pfeffer vermengen.

- Das geschnittene Gemüse im Dämpfeinsatz über kochendem Wasser mit geschlossenem Topf 3 - 4 Minuten garen.

- Hähnchenbrustfilets würzen, mit restlichem Zitronensaft beträufeln, auf das Gemüse legen und in 8 - 10 Minuten fertig garen.

Impressum

Cooking Club wird vertreten durch:

Instyle Supply and Control Limited

20th Floor, Central Tower, 28

Queen's Road, Central, HK

Coverbilder

[creativelog] | [Fiverr]

Haftung für externe Links

Das Buch enthält Links zu externen Webseiten Dritter, auf deren Inhalt der Autor keinen Einfluss hat. Deshalb kann für die Inhalte externer Inhalte keine Gewähr übernommen werden. Für die Inhalte der verlinkten Webseiten ist der jeweilige Anbieter oder Betreiber der Webseite verantwortlich. Die verlinkten Seiten wurden zum Zeitpunkt der Verlinkung auf mögliche Rechtsverstöße überprüft. Rechtswidrige Inhalte waren zum Zeitpunkt der Verlinkung nicht erkennbar. Eine permanente inhaltliche Kontrolle der verlinkten Webseiten ist jedoch ohne konkrete Anhaltspunkte einer Rechtsverletzung nicht zumutbar. Bei Bekanntwerden von Rechtsverletzungen werden derartige Links umgehend entfernt.

www.ingramcontent.com/pod-product-compliance
Lightning Source LLC
Chambersburg PA
CBHW031250250726
48655CB00005B/2152